COMITÉ DE DÉFENSE

DES

ENFANTS TRADUITS EN JUSTICE

DE MARSEILLE

DISCOURS

PRONONCÉS A LA SÉANCE DE RENTRÉE

Tenue dans la Grand'Chambre du Conseil du Tribunal

au Palais de Justice, le Lundi 21 Janvier 1895

MARSEILLE

TYPOGRAPHIE ET LITHOGRAPHIE BARTHELET ET Cie

Rue Venture, 19

—

1895

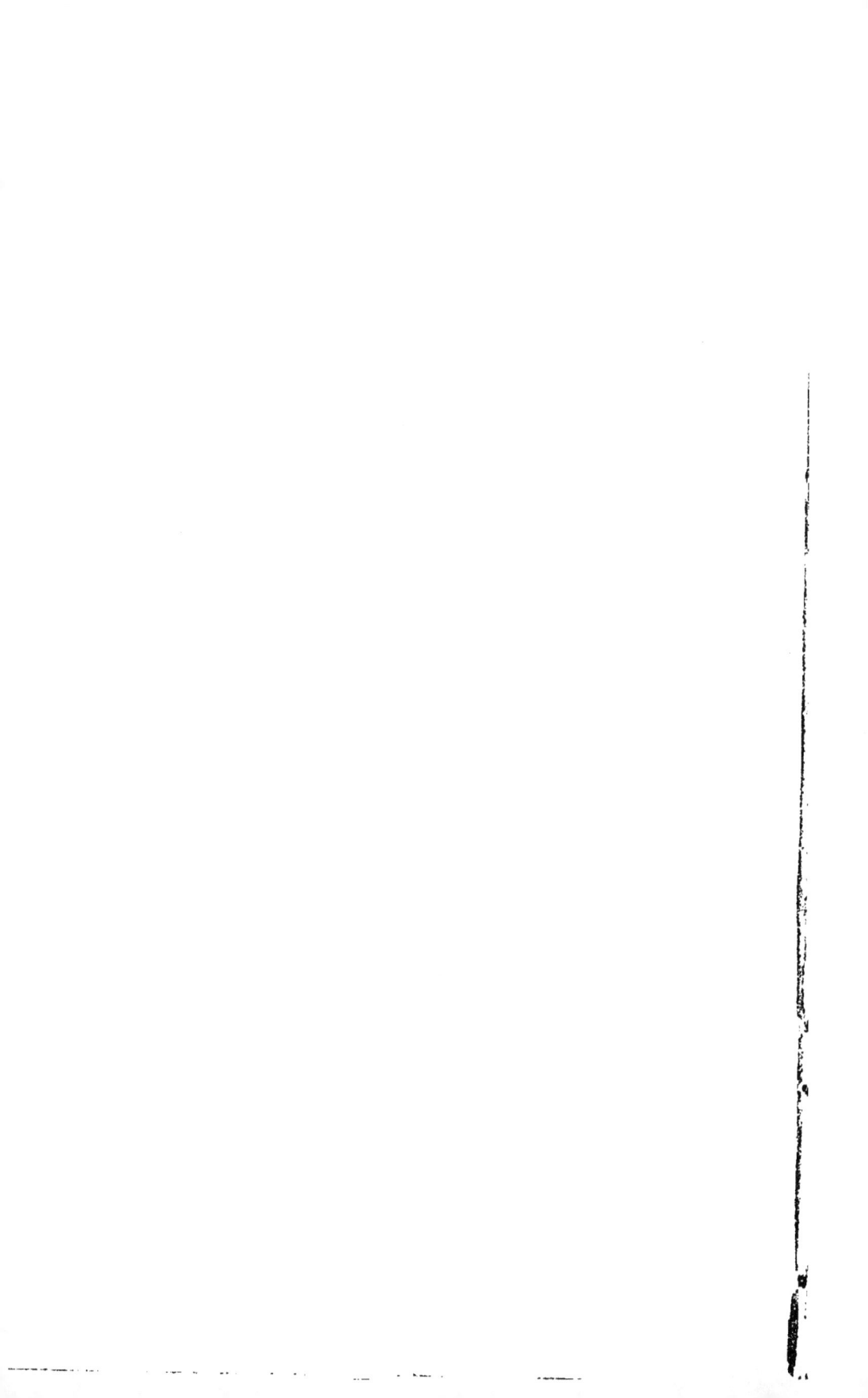

COMITÉ DE DÉFENSE

DES

ENFANTS TRADUITS EN JUSTICE

DE MARSEILLE

DISCOURS

PRONONCÉS A LA SÉANCE DE RENTRÉE

Tenue dans la Grand'Chambre du Conseil du Tribunal
au Palais de Justice, le Lundi 21 Janvier 1895

MARSEILLE

TYPOGRAPHIE ET LITHOGRAPHIE BARTHELET ET Cie

Rue Venture, 19

—

1895

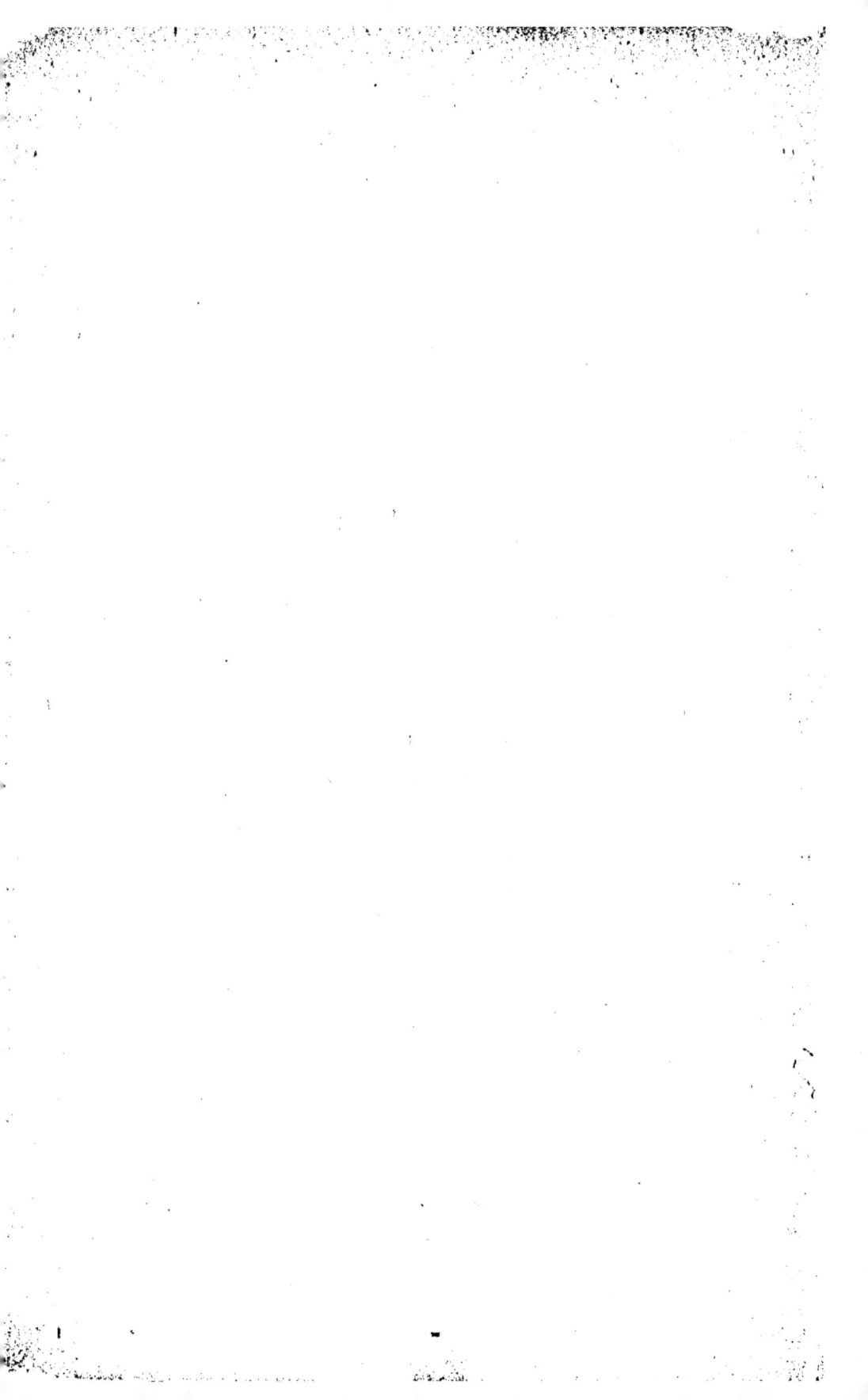

COMITÉ DE DÉFENSE

DES

ENFANTS TRADUITS EN JUSTICE

Séance du 21 Janvier 1895

Le Comité de Défense des Enfants traduits en Justice de Marseille, a tenu sa séance solennelle de rentrée le 21 janvier 1895, à 10 heures du matin, en la Grand' Chambre du Conseil au Palais de Justice, en présence d'un nombre considérable de magistrats, d'avocats et d'avoués, membres du comité. Assistaient également à la séance : M. Masson, bâtonnier, président, et les membres du Comité de défense près la Cour d'appel d'Aix.

M. Naquet, procureur général, présidait ayant à ses côtés, M. de Rossi, président du Tribunal; M. Pellefigue, procureur de la République; M. Platy-Stamaty, bâtonnier, présidents d'honneur, et tous les membres du Bureau du Comité.

La séance ayant été ouverte, M. le président de Rossi a prononcé l'allocution suivante :

MONSIEUR LE PROCUREUR GÉNÉRAL,

MESSIEURS,

Marseille, la ville du progrès et des généreux sentiments, était en retard. Paris voyait, depuis longtemps, fonctionner l'œuvre patriotique de relèvement moral dont nous connaissons les merveilleux résultats, lorsqu'un groupe de philanthropes, animés d'une sainte ardeur et d'un zèle infatigable, ont eu la pensée de jeter les premières bases de notre fraternelle association. Les difficultés de l'entreprise ne les ont ni rebutés ni découragés. L'amour du bien était leur guide et ils n'ont épargné ni leur temps, ni leur peine pour aboutir. Faisant appel aux hommes de bonne volonté, choisis dans l'élite de notre vaillante population, ils ont réclamé et obtenu des concours utiles qui assurent désormais l'avenir de l'œuvre. Vous entendrez d'ailleurs le rapport qui vous sera présenté par l'honorable président du comité, rendant compte de tout ce qui a été fait jusqu'à ce jour.

Il y a un an, à pareille époque, Monsieur le premier Président de notre Cour d'appel daignait s'associer à

nos travaux, et, dans un langage élevé, nous témoi-
gnait la plus bienveillante sympathie. Aujourd'hui,
c'est Monsieur le Procureur général dont la présence
rehausse l'éclat de cette réunion. Il m'est agréable de
souhaiter la bienvenue à ce haut magistrat et de lui
demander son appui pour rendre plus facile l'extension
des mesures que notre règlement prescrit dans l'intérêt
des enfants traduits en justice. Ce que nous désirons
avant tout, c'est la préservation de ces jeunes déshé-
rités du sort que le vice a simplement effleurés et que
les mauvais contacts jetteraient infailliblement dans la
voie du crime.

Encore un mot, Messieurs. Je suis heureux de rendre un public hommage de gratitude à deux hommes de
cœur que vos suffrages ont placé au premier rang parmi
vous. Je veux parler de M. Conte, président de l'œuvre des libérés, et M. Albert Vidal-Naquet, président
du Comité de défense des Enfants traduits en Justice.
Grâce à leur dévouement, à leur direction intelligente
et habile, nous pouvons dire déjà que nous avons fait
de la bonne besogne.

M. Conte, président sortant, prononce le discours suivant :

MONSIEUR LE PROCUREUR GÉNÉRAL,

Il y a un an, Monsieur le premier Président, en acceptant d'être président d'honneur de notre Comité, nous apportait, par sa présence, la consécration officielle de notre œuvre et un précieux encouragement. Vous avez bien voulu, cette année, nous accorder la même faveur et j'ai la satisfaction de vous en exprimer, au nom du Comité, notre sincère reconnaissance.

Cette satisfaction m'est personnellement sensible. C'est que les fondateurs de ce Comité ne sont pas seulement touchés de l'honneur que vous nous faites, ils voient dans votre présence parmi nous, autre chose que cette bienveillance dont vous êtes coutumier envers la magistrature et le barreau, ils y voient plus qu'un temoignage de sympathie envers l'œuvre de charité et de défense sociale qui est la nôtre ; nous sommes heureux d'y reconnaître une adhésion publique, une coopération personnelle à notre œuvre, coopération d'autant plus précieuse qu'elle a un résultat plus pressant et plus efficace.

Le Comité de Défense des Enfants traduits en justice, (que nos collègues du barreau me pardonnent cet orgueil professionnel) est essentiellement œuvre de la magistrature. Le barreau s'y est associé de suite avec le dévouement qui est une de ses règles professionnelles. Mais le nom qui restera attaché à sa fondation est celui de M. Guillot, ce grand citoyen, chez qui sont réunis si complètement les devoirs d'homme et de magistrat qui s'imposent également à nous.

Par son origine, par sa composition, par le champ de son activité, le Comité de défense est devenu une institution publique, annexe de la magistrature, il en a l'autorité pratique et pour mieux affirmer ce caractère, Monsieur le garde des sceaux a voulu présider lui-même la séance de rentrée du Comité de Paris.

Le public a pu être surpris que le magistrat chargé de la pénible mission de punir pût se soustraire à ce caractère particulier et trouver, dans sa conscience, une idée bien différente et, semble-t-il contradictoire, celle de la charité, d'une bienveillante pitié qui s'arrête de frapper et se préoccupe de relever l'accusé. Vous tous, Messieurs, magistrats ou avocats, collaborateurs de l'œuvre de la justice, n'avez pu avoir de ces hésitations.

Réduire le magistrat à la prononciation inconsciente d'une formule, cette idée pouvait être celle des civilisations anciennes.

Le magistrat de notre société est le représentant de la souveraineté publique, chargé d'un service public.

La justice doit être sa première préoccupation, il peut s'élever jusqu'à la conception de l'intérêt général. Etre juste c'est, quand on doit juger un homme, considérer non pas un fait matériel, mais un fait moral, une responsabilité, élément essentiel, particulièrement délicat, lorsqu'on se trouve en présence d'un être qui n'est pas encore formé, presque d'un enfant. Est-il possible aussi de prononcer, sans se préoccuper du résultat, des conséquences de notre décision. Nous disposons de l'avenir de notre semblable, de son âme même ; suivant notre décision, il peut revenir au bien ou être perdu à tout jamais, nuisible à lui-même autant qu'à la Société. Pouvons-nous nous soustraire à cette terrible responsabilité, ou fermer les yeux pour aveugler notre conscience : Notre cœur se soulève à cette seule pensée. Le sentiment d'humanité, qui est le premier de nos devoirs à tous, a sa place dans la conscience du magistrat et le dirige dans l'application de la loi, dont il est le serviteur éclairé.

Aussi, le Comité de défense des Enfants traduits en justice a trouvé accueil et autorité dans les tribunaux. Des magistrats éminents se sont fait un devoir de venir, comme aux conférences de leur jeunesse, discuter les lois nécessaires et les réclamer du législateur, l'Administration a réalisé les réformes possibles. Une jurisprudence se forme soucieuse, avant tout, de l'intérêt de l'enfant.

Sa défense est mieux assurée ; des précautions minutieuses sont prises pour écarter de lui la promiscuité de la corruption. Une préoccupation constante de l'avenir de l'enfant dirige toutes les pensées du magistrat et il ne se trouve satisfait que lorsque, par ses efforts intelligents, il a réussi à arracher une âme à cette épidémie morale qui menace notre jeunesse, l'avenir de notre Société.

Mais, dans cet effort de la magistrature unie au barreau, le premier rôle appartient au parquet. J'espère que bientôt une voix plus compétente que la mienne s'élèvera dans le sein de notre Comité pour exposer les règles qui doivent diriger l'action du parquet dans la poursuite des mineurs. Sans empiéter sur ce travail, il m'est impossible de ne pas en signaler l'importance en adressant nos remerciements au parquet en la personne de ses chefs.

En effet, pour soucieux qu'il soit de tenir compte de l'élément moral de régler la sentence en vue de l'avenir de l'enfant, le tribunal est tenu dans les règles de la loi.

Plus libre dans ses allures, plus souple dans son action, le parquet peut faire une plus large part à des sentiments généraux, à des idées plus élevées.

Le parquet, plus particulièrement préposé à la défense de l'intérêt public, fait, à ce titre, partie de l'Administration générale et en a l'autorité discrétionnaire, je veux dire par là qu'il puise surtout dans sa conscience et dans l'utilité sociale les règles de sa conduite.

Ainsi, il peut, d'une façon moins étroite et plus humaine, apprécier le caractère délictueux de l'acte, la moralité et la responsabilité de l'agent, la nécessité de la poursuite.

Par là, il a pu donner un si précieux concours à l'œuvre admirable de M. Voisin, et, quand il ramasse des gens qui sont surtout des malheureux, au lieu d'une condamnation insignifiante qui les perdrait, leur permettre de se sauver en servant leur pays, sous les plis du drapeau qui détient pour eux le droit d'asile de nos pères.

Service plus grand, l'appréciation fait la sélection nécessaire et permet, tous les jours, aux parquets, d'éviter à l'enfant une comparution devant le tribunal, qui pèserait lourdement sur son avenir.

Les deux délits que commettent les enfants ne méritent pas toujours la qualification pénale. Le vol n'est parfois qu'un acte de légèreté inconscient ; le vagabondage dépend encore plus de l'élément moral.

Pour ce délit qui ne consiste pas en un fait matériel, l'élément moral, la volonté responsable devient l'élément essentiel et nécessaire. Inventer la loi, encadrer le délit dans le lit de Procuste d'une limite de temps, ce serait, au mépris du bon sens, confondre le malfaiteur professionnel et le malheureux sans travail. Si ceux-là diffèrent, combien plus grand est cet écart pour les enfants entre le coup de tête qui entraîne hors du foyer paternel et la corruption consommée qui le traîne sur le pavé dans la promiscuité des vices les plus répugnants.

Ce souci d'humanité que le Parquet apporte dans la direction de la poursuite, nous le retrouverons au Tribunal, dans la préparation du dossier. Si la décision à prendre doit avoir pour but de sauvegarder l'intérêt de l'enfant, elle dépendra entièrement des renseignements qui en fourniront les éléments, la moralité de l'enfant, son degré de corruption, le secours qu'on peut attendre de ses parents pour son éducation et sa moralisation.

Et c'est pour cela que les Comités de défense et les criminalistes n'ont cessé de demander l'instruction pour les affaires d'enfants : et, comme nos collègues des autres Comités, avec la confiance d'être entendus, avec une insistance qui ne se lassera jamais, nous protesterons contre la procédure commode mais hasardeuse et si dangereusement incomplète des flagrants délits.

Pour transformer la répression en sauvegarde, le Parquet s'est mis en rapport avec les Sociétés de patronage et leur demande de recueillir les enfants acquittés ou même envoyés en maison de correction. Ces

Sociétés s'y prêtent volontiers, mais ne peuvent assumer utilement cette charge que dans la limite de leurs ressources matérielles et morales. Aussi, devons-nous remercier le Parquet de s'être associé aux efforts de notre Comité pour vaincre le préjugé le plus erroné et le plus dangereux qui existe à l'égard de la décision que le législateur nous impose, je veux parler de la crainte des maisons de correction. Trop longtemps, par suite de ce préjugé aussi répandu que peu raisonné, on a rejeté à l'abandon les enfants amenés devant les Tribunaux; en fait, c'était les confier aux malfaiteurs de profession qui, seuls, s'en chargeaient. Il a fallu tout l'aveuglement de l'ignorance, pour ne pas voir ce résultat désastreux dont les Tribunaux étaient les complices inconscients puisqu'il dépendait d'eux de l'éviter.

Le Parquet seul avait qualité pour rappeler les magistrats et l'opinion publique à l'application de la loi, pour parler au nom de l'Administration et protester contre un préjugé injuste, pour défendre ces établissements dont le niveau moral ne peut être parfait avec des éléments qui en composent le personnel détenu, mais qui, au moins, soumettent l'enfant à la discipline et au travail et, à tout prendre, valent infiniment mieux que le milieu des vices ignobles d'où l'on arrache ces malheureuses victimes.

Aussi, c'est au Parquet que nous devons, sur ce point, faire remonter le mérite du succès qui a couronné nos efforts et si cette correction ne peut sauver qu'une partie de ceux qui y auront été soumis, nous serons satisfaits de penser que pas un n'aurait échappé à la corruption dans les conditions déplorables où ils se trouvaient.

Cette large part, cette part prépondérante du Parquet dans l'amélioration de la poursuite, dans cette justice, large, humaine, bienveillante, prévoyante à l'égard des enfants, nous la devons certainement à l'esprit qui, d'en haut, dirige le personnel du Parquet. Aussi, Monsieur le Procureur Général, ne saurais-je louer longuement la générosité de caractère, l'élévation des sentiments qui vous inspirent et qui animent vos collaborateurs : l'éloge des hommes de bien, ce sont leurs œuvres, les résultats, ce sont ces enfants, ces jeunes hommes sauvés du mal.

Aussi, avons-nous eu raison, Monsieur le Procureur Général, de compter sur vous; aussi, avons-nous encore besoin de nous adresser à vous.

Cette œuvre entreprise en Première Instance a sa sanction à la Cour d'appel. C'est là que, par l'organe du Ministère Public, doivent être rappelés pour la dernière fois, publiquement expliqués, ces principes d'humanité mise au service de la Justice, cette préoccupation constante de l'intérêt moral de l'enfant même contre les préjugés, qui doivent être l'idée commune de tous les magistrats.

Il me reste un devoir, un bien doux devoir à remplir, c'est de transmettre les pouvoirs que mes collègues avaient bien voulu me confier, d'installer notre nouveau Président. Depuis longtemps j'attendais cette heure et j'avais à cœur de lui rendre cette place qui ne revenait qu'à lui : j'éprouvais un remords de recevoir la récompense de ses actes.

C'est lui qui a créé le Comité de Défense, il en est l'âme et la vie. C'est lui seul qui a été l'inspirateur et l'agent de tout ce que nous avons fait de bien. Nous ne pouvions tarder davantage à lui en reporter le mérite et notre vœu a été unanime. Il m'est doux d'en être l'interprète et de lui rendre un public témoignage de sympathie et d'estime, et que sa modestie me permette de le dire, de sincère admiration.

M. Albert Vidal-Naquet donne lecture du rapport suivant :

MESSIEURS,

Le Comité de Défense entre aujourd'hui dans sa troisième année. C'est peu dans la vie d'un homme, c'est beaucoup dans l'existence d'une Société. Deux

ans nous ont permis de réaliser des réformes si importantes, d'établir si solidement la nécessité de notre
œuvre, que nous avons le droit et le devoir de
contempler l'avenir avec confiance. Vous avez consacré
votre temps au service de l'enfance coupable et aban-
donnée. Je viens vous prouver que vous ne l'avez pas
perdu.

Pendant l'année qui vient de s'écouler, le Comité de
Défense a eu à s'occuper des 123 enfants qui ont comparu en justice. Ce chiffre n'est pas considérable eu
égard à la population de notre ville, et si on le compare
aux 1800 enfants traduits en justice devant le tribunal
de la Seine. Est-ce la preuve d'un degré supérieur de
moralisation ? Certes, on ne saurait méconnaître que
les dangers auxquels sont exposés les enfants à Marseille
sont moins considérables que ceux qu'ils peuvent courir
à Paris, et la meilleure preuve, c'est le nombre des
petites prostituées qui est nul à Marseille alors qu'à
Paris, il atteint des proportions effrayantes. Mais c'est
une cause plus relative qui explique la minimité de ce
chiffre : ce n'est pas volontiers qu'un agent se décide à
opérer l'arrestation parfois difficile, toujours pénible,
d'un enfant. Celui-ci résiste, et si l'agent veut employer
la force, devant les pleurs et les cris de l'enfant, l'assistance, peu bienveillante, prend parti pour le faible et
facilite son évasion. Puis, s'il l'amène devant le Commissaire de police, celui-ci, craignant que la mise en

arrestation n'ait aucune espèce de suite, s'empresse, à son tour, de mettre en liberté le jeune vagabond. Cette crainte, désormais, les Commissaires de police ne doivent plus l'avoir ; le compte-rendu de nos travaux est bien fait pour démontrer que le Tribunal de Marseille a consacré ce principe : Que mieux vaut pour un enfant une condamnation en apparence sévère, mais qui, étant prononcée contre lui de bonne heure, le soustrait aux tentations de la rue et à l'influence souvent fâcheuse de sa famille, que la prolongation d'une existence vagabonde dont le dénouement serait forcément, plus tard, la prison. Que les Commissaires de police des arrondissements de Marseille n'hésitent donc plus à retenir le petit mendiant, vagabond ou voleur qu'on amène devant eux, et qu'ils le traduisent en justice. C'est l'intérêt de la Société. C'est surtout l'intérêt de l'enfant.

Lorsque le Commissaire de police maintient l'enfant en état d'arrestation, après lui avoir fait subir un premier interrogatoire c'est dans un dépôt spécial, le violon municipal de la rue Cherchell qu'il sera conduit, en attendant sa comparution devant le magistrat chargé du Petit Parquet. Malheureusement, les agents n'exécutent pas toujours très régulièrement les ordres qui leur sont donnés. J'ai vu, encore trop souvent, des enfants de quinze ans rester des journées confondus dans la masse grouillante des malfaiteurs et vous vous souvenez de la

description réaliste si terrifiante que nous faisait
· M. Cortichiatto, de cette promiscuité hideuse du violon
municipal ! Il nous faut donc réclamer avec énergie la
stricte application de cette règle absolue : séparation des
enfants des adultes.

Du dépôt de la rue Cherchell, l'enfant est amené
devant le substitut du Petit Parquet. Je ne puis, ici, que
renouveler les éloges que j'adressais publiquement il y
a un an, au magistrat chargé de cet important service et
à son secrétaire, M. Lanfranchi, qui le seconde si
intelligemment dans sa tâche. En attendant le jour où
tous les enfants arrêtés pour quelque délit que ce soit,
seront immédiatement envoyés à la grande instruction,
M. le substitut Roux a transformé la procédure du
flagrant délit dans les affaires d'enfant, en une véritable
petite instruction. Plus de conduite immédiate à
l'audience : elle n'est, d'ailleurs, pas possible, même
pour les adultes, en l'état de l'encombrement de nos
audiences correctionnelles. L'enfant doit faire forcément
un séjour assez long à la maison d'arrêt. Mais pendant
ce temps-là, on va s'occuper de lui.

M. le Substitut, après avoir décerné le mandat de
dépôt, fait procéder à une enquête sur l'enfant et sur
sa famille. Puis il veut bien me communiquer le dossier
afin que je puisse, à mon tour, interroger l'enfant à la
prison, voir les parents, les patrons, et compléter ainsi
le dossier du petit prévenu.

C'est presque de l'instruction, mais combien serait préférable le renvoi de l'enfant devant un juge qui pourrait l'interroger au cours de sa détention, qui aurait à sa disposition des moyens d'investigation autrement puissants et, mieux que tout autre, pourrait protéger et sauver l'enfant tout en garantissant les droits et les intérêts de la Société. Les cabinets de nos juges d'instruction de Marseille sont évidemment surchargés ; serait-ce leur imposer un surcroît de travail considérable que de donner à chacun d'eux cinquante affaires d'enfants à instruire annuellement ? Il suffirait pour cela de mettre à leur disposition un de MM. les attachés du parquet qui se chargerait de l'interrogatoire des parents, des patrons, des instituteurs, de telle sorte que le travail du juge serait considérablement diminué et nous aurions ainsi réalisé dans l'intérêt de l'enfant une réforme des plus grandes et des plus importantes.

En décernant le mandat de dépôt, M. le Procureur de la République ou le juge d'instruction lorsqu'il a été saisi, avise le bâtonnier, Président d'honneur de notre Comité, afin qu'il désigne à l'enfant, un défenseur choisi parmi les avocats membres du Comité. Me Bergasse, dans son remarquable rapport nous a rappelé quel était le devoir et le beau rôle de l'avocat dans la défense des enfants traduits en justice : il nous a montré qu'il ne suffit pas de venir prononcer du bout des lèvres, une plaidoirie improvisée ; que la défense de l'enfant exige un examen approfondi des circonstances du délit, des antécédents du petit prévenu, des chances de relèvement qu'il présente, des garanties que peuvent offrir ses parents. Vous vous souvenez des termes touchants dans lesquels il nous disait : « L'importance de l'entretien « personnel avec les parents est si considérable que je « dirais à l'avocat : s'ils ne viennent pas à vous, allez à « eux, votre mission de charité ne sera accomplie tout « entière qu'à ce prix. Et si vous m'objectez la rigueur « de nos règles professionnelles qui interdisent à l'avo- « cat de se rendre au domicile de son client, je vous « demanderai s'il peut être suspect de rechercher la « clientèle, celui qui gravit les escaliers obscurs des « maisons ouvrières de nos vieux quartiers ou franchit « la porte basse des taudis épars dans les terrains vagues « de notre banlieue, pour découvrir ce père ou cette « mère, oublieux de leur devoir et leur arracher une « phrase, un mot d'intérêt pour le pauvre petit être que « leur abandon a voué à la misère et au mal. » Et il rappelait à ses confrères, que, dans sa défense, c'est uniquement l'intérêt de l'enfant que l'avocat doit envisager.

Et après Me Bergasse, M. le bâtonnier Cresson, à la dernière séance du Comité de défense de Paris, résumait ainsi les devoirs de l'avocat : « Par sa communication « et ses relations avec les magistrats, en s'aidant de leur « instruction, en provoquant les recherches sur les diffé- « rentes causes qui ont conduit l'enfant dans la prison,

« en écoutant avec la famille les différentes personnes
« qui s'intéressent au prévenu, en le défendant par ses
« conseils contre ceux qui le perdent, en ouvrant les
« voies qui conduisent à un patronage, l'avocat d'office
« remplit son devoir : tout ce que la pure charité
« recommande et explique, tout ce qu'elle permet à
« l'honneur rentre dans sa mission. Les devoirs des
« magistrats et des avocats sont les mêmes parce qu'ils
« se proposent le même but, servir la justice, servir la
« Patrie. »

Quant à moi, Messieurs, je me bornerai à remercier
tous les avocats du Comité de défense du concours précieux qu'ils nous ont apporté, du dévouement avec lequel
ils se sont acquittés de la mission qui leur était confiée
et je ne puis que leur demander de persévérer dans leur
charité.

A la prison, où M. le gardien chef Murati nous facilite notre tâche avec un zèle et une obligeance dont je
ne saurais trop le louer et le remercier, les enfants sont
isolés dans leur cellule : ils en sortent tous les jours
pendant cinq heures, pour jouer dans les cinq préaux
qui ont été mis à leur disposition. De telle sorte qu'ils
peuvent, suivant leur âge, leur caractère, être séparés les
uns des autres, même pendant la récréation.

Ils reçoivent la visite de leur avocat, de votre Président, qui deux fois par semaine va causer avec eux. Votre
nouveau Secrétaire général, M. Wulfran Jauffret, se rend

tous les mercredis à la prison. Et si vous ajoutez à ces
visites, celles que notre secrétaire M. Bergasse peut faire,
vous voyez que vos enfants tout en étant isolés, ne sont
pas abandonnés.

Je vous indiquais l'an dernier que notre Comité avait
constitué une bibliothèque afin que chaque enfant pût
avoir, dès son entrée à la prison, un livre, un cahier et
une plume ; mais cette année nous avons fait davantage.
M. le Directeur de la circonscription pénitentiaire a pris
à cœur de réaliser les vœux de notre Comité. Je ne
saurai trop remercier notre collègue, M. Bonnard, de la
bienveillance avec laquelle il a accueilli nos requêtes.
Nous avions souhaité que les enfants ne fussent plus
inoccupés dans la cellule. Il leur a fait confier du travail ;
ils ont eu des sacs à racommoder, des légumes à trier.
Je ne veux pas, au sein de notre Comité, traiter cette
question si importante et qui passionne actuellement
nos syndicats ouvriers « du travail dans la prison. » Vous
me permettrez seulement de dire que le travail est
l'agent de moralisation par excellence ; c'est par la paresse
que la plupart de nos détenus se sont perdus, c'est par le
travail qu'ils doivent se régénérer. Si l'on a critiqué le
travail dans la prison au point de vue de la concurrence
faite à l'industrie libre, sans élucider ici cette question,
je puis affirmer que ce ne sera jamais le travail fait par
nos petits détenus du boulevard Chave qui constituera
une concurrence au travail de nos ouvriers honnêtes ; je

suis donc convaincu que si même par impossible le travail était interrompu dans les prisons de Marseille, il subsisterait toujours dans les cellules de nos enfants, car c'est le seul moyen de les occuper, de donner à la peine un caractère moral et réformateur.

Mais il fallait aller plus loin. Mᵉ Cortichiatto nous demandait de faire de la prison une école. Nous avons réalisé son désir.

Je n'irai pas jusqu'à dire avec lui qu'ouvrir une école c'est fermer une prison, car si cet aphorisme était vrai tous les coupables devraient être illettrés. Il n'est pas vrai que l'on ne puisse plus être méchant dès qu'on sait lire et écrire. Mais chez l'enfant, si l'ignorance n'est pas la cause absolue de la criminalité, elle est le résultat d'une condition misérable, d'une absence d'éducation de famille aussi bien morale qu'intellectuelle, et l'Etat a le devoir d'y porter remède.

Si la plupart de nos petits détenus avaient été régulièrement à l'école et si l'on appliquait sévèrement la loi sur l'obligation de l'instruction primaire, ils ne seraient pas venus échouer à la maison d'arrêt. L'école ne doit pas être seulement l'endroit où l'on apprend à l'enfant à lire couramment le livre qu'il a sous les yeux, à écrire sans faute la page qu'on lui dicte, à réciter sans broncher la fable qu'on lui a apprise. A cet enfant, qui chez lui ne trouve le plus souvent qu'un père et une mère indignes, il faut, et c'est le rôle de l'instituteur, ouvrir son esprit, former son jugement, lui donner l'éducation qui lui manque, lui parler du Travail, de l'Honneur, de la Patrie.

Ce beau rôle de l'instituteur, M. Boulard, a bien voulu le remplir. Attaché à la maison de correction de Saint-Pierre, pour répondre aux désirs de son Directeur et pour nous être agréable, il a consenti à consacrer à nos enfants une heure qu'il prend sur ses heures de repos et, tous les jours, il se rend au boulevard Chave faire sa classe dans une grande cellule transformée en école. C'est la municipalité qui a bien voulu nous donner les bancs et les livres qui nous étaient nécessaires.

Vous me permettrez, Messieurs, de nous féliciter hautement du concours si désintéressé que nous donne M. Boulard. Grâce à lui, nos enfants reçoivent à la fois l'instruction et l'éducation qui leur manque et je pourrais dire que les pages qu'il leur explique, les conseils qu'il leur prodigue, c'est peut-être ce qu'ils auront appris de meilleur dans le cours de leur vie.

Lorsque l'instruction est terminée, le parquet et le juge d'instruction peuvent rendre en connaissance de cause une ordonnance de non-lieu, ou classer l'affaire sans suite. C'est ainsi que dix-sept enfants ont été mis en liberté avant leur comparution devant le Tribunal; sur ce nombre, dix ont été rendus aux parents, cinq ont été confiés à la Société de patronage des Libérés et des Adolescents, qui avait bien voulu les accueillir d'abord.

dans son asile pour les placer ensuite dans une École professionnelle ; deux, enfin, ont été confiés à l'Assistance publique.

Cent six enfants ont donc comparu devant le Tribunal correctionnel pendant l'année 1894. Ils ont été conduits à la prison du boulevard Chave, puis au Palais, par les agents des délégations judiciaires ; dans nos rues, rien ne peut révéler aux passants la situation du petit malfaiteur qui chemine tranquillement à côté de son gardien. Je ne puis que renouveler, ici, les félicitations que j'adressai l'an dernier aux agents de M. Duclos et souhaiter que nos gendarmes veuillent bien imiter leur tact et leur douceur, lorsqu'ils font monter l'enfant de la cellule dans la salle d'audience.

Les enfants sont toujours jugés au début de l'audience. Sans parler de la question de convenance vis-à-vis des membres du barreau qui, ayant consenti à défendre d'office tous ces petits clients, méritent d'avoir leur tâche facilitée, un motif autrement grave impose cette mesure : c'est qu'il faut, pour employer l'expression dont se servait il y a quelques jours à peine M. le Procureur de la République, soustraire les enfants à l'influence démoralisatrice d'une audience de police correctionnelle.

L'interrogatoire de l'enfant, de ses parents, doit être évidemment approfondi : le dossier du flagrant délit n'est pas assez complet et l'instruction n'ayant pu se faire dans le cabinet du juge, elle doit avoir lieu à l'audience. Trouvera-t-on que c'est du temps perdu ? Je ne crois pas que sérieusement un magistrat puisse le soutenir. Le jugement qu'il va rendre sur cet enfant qui comparaît pour la première fois devant lui peut décider de sa vie entière, faire de lui un criminel ou un honnête homme. Peut-on hésiter, dans ce cas, à consacrer à cette affaire, en apparence si petite, et par le dossier et par le prévenu, tout le temps qu'elle nécessite ?

Pour atteindre ce résultat, pour pouvoir juger les affaires d'enfants avec tout le soin et la sollicitude qu'elles comportent, sans léser les intérêts des autres prévenus, il suffirait d'une réforme que je crois très réalisable et fort simple. Ce serait de renvoyer les affaires d'enfants devant une section spéciale d'une de nos chambres correctionnelles.

Ne pourrait-on pas créer une section qui, siégeant tous les quinze jours, jugerait uniquement les affaires d'enfants ? Cent six mineurs ont comparu, cette année, devant le Tribunal, cela ne fait pas neuf affaires par mois, c'est-à-dire cinq par audience. Le travail supplétaire que nous demanderions à ces trois magistrats de bonne volonté ne serait donc pas considérable. Et quel avantage énorme à cette manière de procéder ! Avec un nombre aussi restreint d'affaires, l'interrogatoire de l'enfant, des parents, des patrons, pourrait être fait d'une façon complète, ce serait le Tribunal, en somme, qui ferait l'instruction, et nous aurions ainsi remédié aux graves inconvénients que je vous signalais tout à l'heure. Puis, nous aurions une unité de jurisprudence indispensable en pareille matière. Il faut bien le dire, le service de l'enfance exige certaines connaissances et certaines aptitudes spéciales; les magistrats qui, répondant à notre appel, voudraient bien constituer cette Chambre, seraient ceux que la disposition de leur esprit porterait plus naturellement vers ce service si particulier. Je suis certain que si le Tribunal veut bien réaliser cette réforme, ce qui vous arrêtera, ce ne sera pas la difficulté de trouver des magistrats de bonne volonté, vous en aurez trop et vous n'aurez que l'embarras du choix.

Quant aux membres du Ministère public, je connais trop vos substituts, Monsieur le Procureur de la République, pour ne pas pouvoir affirmer qu'ils consentiront tous à venir siéger une fois tous les trois mois à cette audience supplémentaire et il s'en trouverait plus d'un qui consentirait à s'occuper de ce service d'une façon spéciale.

Que sont devenus les 106 enfants traduits devant le Tribunal ?

Huit ont été acquittés. Ce nombre peut paraître minime, il n'a rien cependant qui doive vous étonner. Toutes les fois qu'au cours de l'instruction, la culpabilité de l'enfant n'a pas été établie suffisamment, toutes les fois que le moindre doute a subsisté dans l'esprit des magisirats instructeurs, l'enfant a été remis en liberté. Le nombre des acquittés ira toujours en diminuant, à mesure que l'instruction se généralisera et se fera de plus en plus complète.

Quatre-vingt-dix-huit enfants ont donc été reconnus coupables du délit qui leur était reproché : le Tribunal avait à se poser la question de savoir s'ils avaient agi avec ou sans discernement.

Lorsque le Tribunal juge que l'enfant a agi avec discernement, c'est la peine de la prison qu'il prononce, avec toutes ses conséquences terribles et redoutables.

Seize enfants ont été condamnés à des peines variant de trois jours à un an de prison. Permettez-moi de le regretter profondément. Le système des courtes peines ne saurait trop être critiqué. Il faut, ainsi que le demande M. le Garde des Sceaux dans ses circulaires, M. le conseiller Voisin dans son appel, au nom de l'œuvre qu'il dirige : remplacer la prison qui flétrit par la Correction qui réforme. Certes, je sais que les magistrats hésitent parfois à déclarer qu'un enfant coupable d'un délit, qui dénote une véritable intelligence du mal, a agi sans discernement, ils veulent le punir, parce qu'ils le jugent coupable et la conséquence de leur décision, c'est la privation de la liberté pour quelques jours à peine, alors que l'acquittement eût été la liberté perdue pendant plusieurs années.

Je voudrais, Messieurs, vous citer dans son entier, le rapport que faisait M. l'Inspecteur général Puibaraud sur les maisons d'éducation correctionnelles ; il signale les inconvénients et les dangers de l'application de l'article 67 du Code pénal, il montre les enfants essayant d'établir par forfanterie par cynisme, par quelques circonstances de préméditation inventée par eux, qu'ils ont eu le discernement du mal commis, tout cela pour être condamnés à une peine d'emprisonnement relativement courte.

Le discernement de l'enfant délinquant reconnu par les tribunaux amoindrit la sanction de la faute et supprime le bienfait de l'éducation. Entre la condamnation avec son casier judiciaire, avec la dépravation qui en est la conséquence inévitable et l'acquittement suivi de l'éducation, l'hésitation est impossible.

Aussi, Messieurs, alors même que le tribunal aurait tout lieu de croire que le cynisme de l'enfant est malheureusement vrai, que sa connaissance du mal, ou plutôt des conséquences de sa faute, a été bien nette dans sa petite intelligence, n'hésitez pas à déclarer qu'il a agi sans discernement, n'hésitez pas à commettre ce « pieux mensonge » qui ne pèsera pas sur votre conscience de magistrat, car il vous aura permis de sauver un enfant. Je puis donc souhaiter voir le nombre de nos petits condamnés diminuer de plus en plus, et le Tribunal de Marseille, suivant l'exemple de celui de

Paris, se montrer nettement et franchement opposé au système des courtes peines.

Quatre-vingt-deux enfants ont été acquittés comme ayant agi sans discernement. Qu'elles sont les mesures tutélaires qui ont été prises par le Tribunal en leur faveur ?

Vingt-six ont été rendus à leurs parents. Ce nombre était autrefois considérable, c'était pour ainsi dire la mesure adoptée par notre Tribunal. Les magistrats sont pères et il leur semblait, avec raison d'ailleurs, que rien n'est préférable à la remise de l'enfant aux mains de parents honnêtes, soucieux de leurs devoirs et de son avenir. La famille n'est-elle pas la meilleure des écoles et le père le plus intelligent des maîtres. Malheureusement, M. Guillot a pu dire, sans crainte d'être démenti : « Plus vous pénétrez dans ces études, plus vous reconnaîtrez que la plupart des enfants dont nous nous occupons, n'ont pas de pires ennemis que leurs parents. »

Il faut, ainsi que vous le rappelait M. Bergasse, se garder d'accepter sans contrôle les déclarations larmoyantes apportées à l'audience par les parents venant réclamer leur enfant et protestant à la fois de son repentir et des bons exemples qu'il trouvera à la maison. Pour les uns, ce n'est là qu'une formule sans portée, vite oubliée à la porte du prétoire ; pour les autres, plus méprisables, c'est une comédie qui doit leur rendre la libre disposition de leur enfant ; d'autres, enfin, sont incapables d'exercer sur l'enfant une surveillance sérieuse. Trop souvent rendre l'enfant à ses parents, c'est l'exposer à commettre à nouveau le délit pour lequel il a été poursuivi. L'expérience est là pour nous démontrer que le plus grand nombre des enfants rendus à leurs parents n'ont pas tardé à comparaître à nouveau devant la justice ; et c'est ainsi que sur les vingt enfants qui, en 1893, avaient été rendus à leurs parents, sept ont été traduits devant notre Tribunal pendant l'année 1894. Un pareil résultat n'est-il pas fait pour mettre en garde contre cette tendance qui paraît si naturelle ?

Cinq enfants acquittés comme ayant agi sans discernement ont été confiés à la Société de Patronage des Libérés et des Adolescents. Cette remise n'a pas été faite d'une façon directe puisque la loi n'a prévu que deux solutions à l'acquittement : « la remise aux parents ou l'envoi en correction ». Il serait à souhaiter que la loi fût réformée sur ce point et que le Tribunal pût confier directement, à ces Sociétés de Patronage et de Bienfaisance, le pauvre enfant qui, dans certains cas, ne peut pas être considéré comme responsable de la faute qu'il a commise.

Trois enfants enfin ont été confiés à l'Assistance Publique ; c'étaient de jeunes enfants que leurs parents avaient fait mendier. Entre le jour de leur arrestation et le jour du jugement, j'avais fait prononcer, contre leurs parents, la déchéance de la puissance paternelle et l'Assistance Publique pouvait ainsi recueillir, dans ses asiles, ceux qui n'étaient que des victimes et non pas des coupables.

Et maintenant, Messieurs, j'arrive à ce que je puis, à bon droit, considérer comme la réforme la plus importante que notre Comité de Défense ait pu réaliser, aux envois dans la maison de correction.

Notre Comité de Défense, suivant en cela l'exemple de celui de Paris, a, par tous les moyens possibles, défendu la maison de correction contre le sentiment de défaveur qui, dans l'opinion publique, la faisait considérer comme une école du vice.

La maison de correction, au contraire, c'est aujourd'hui une maison de réforme, une école de préservation, un enseignement professionnel avec la nécessité du travail. On commence à mieux connaître nos établissements pénitentiaires. L'Etat, les Sociétés de Patronage se prêtent un mutuel concours et déjà nous pouvons dire que les maisons de correction aident, de la façon la plus puissante, au sauvetage de l'enfance : elles sont devenues de véritables écoles.

Dans son rapport, M. Puibaraud nous cite la colonie pénitentiaire de Saint-Hilaire, où sont élevés une centaine d'enfants, amenés au-dessous de l'âge de douze ans ; deux dames sont chargées de leur donner des soins, de les élever et de les instruire, et, dit M. l'Ins-

pecteur Général, ça a été une transformation complète
dans tous ses enfants, tant au point de vue physique
qu'au point de vue moral. A Frasne-le-Château, la colonie pénitentiaire de garçons est dirigée par les dames de
la Providence de Ribeauvilliers : « Femmes, sans l'as-
« sistance d'aucun homme, sans autre force que celle
« de l'éducation morale, dont elles ont fait l'unique
« ressort de la discipline, elles élèvent 400 garçons qui
« sont entrés à l'école avant l'âge de douze ans, elles
« s'en font respecter et obéir. »

Les enfants que notre Tribunal envoie en correction
sont dirigés soit sur la colonie d'Aniane, soit sur la
colonie agricole du Luc.

J'ai été visiter cette dernière école, j'ai vécu au
milieu de nos pupilles pendant plusieurs jours, je les
ai vus au travail, à l'étude, à leurs jeux, dans leur réfec-
toire, dans leur dortoir : je les ai quittés certain et
convaincu qu'ils étaient en bonnes mains, qu'une discipline sévère mais juste, un travail régulier et continu
faisait perdre à nos petits vagabonds l'amour de l'oisi-
veté, qu'une éducation morale et sérieuse corrigeait les
petits vicieux. Et, quand je suis entré dans ces dortoirs,
où reposaient, calmes et tranquilles, dans ce beau
sommeil de l'enfance, ces enfants, dont la plupart
avaient été ramassés sur des chattes, dans une honteuse
promiscuité, quand je les ai vus travaillant avec entrain,
accomplissant leur tâche proportionnée à leur force,

j'ai compris que nous avions eu raison de demander pour eux l'envoi en correction.

J'ai parlé devant ces enfants, quelques jours après le 24 juin : je les ai vus frémir d'indignation, lorsque je flétrissais le misérable qui venait d'accomplir son criminel attentat ; et, parmi ces 300 enfants, il y en avait pourtant quelques uns qui, eux aussi, avaient tué. L'Ecole leur avait permis de comprendre toute l'horreur de leur crime. A-t-on le droit, alors, de les considérer comme des êtres perdus, de les déclarer irrémédiablement condamnés ? Ne puis-je pas dire, au contraire, que ce sont des enfants sauvés ?

Et puis, faut-il vous rappeler ce que deviennent nos enfants sortis des maisons de correction lorsqu'ils entrent dans l'armée sous le patronage de l'homme de cœur qui personnifie à leurs yeux la Patrie ? La plupart d'entre vous ont assisté à la conférence que M. Voisin est venu faire à Marseille au mois d'avril 1894. Il nous a donné des exemples frappants des excellents résultats qu'il avait pu obtenir ; il nous a touchés par les récits si émotionnants de ses visites à ses pupilles ; il nous a rappelé que sur 600 enfants sortis des maisons de correction qui se trouvaient sous les drapeaux à l'heure où il nous parlait, 495 avaient une conduite excellente et parmi eux 112 avaient un un grade, 124 un emploi.

Devant de pareils résultats, le doute n'est plus possible, la maison de correction est bien pour l'enfant l'Ecole de l'honneur et les Tribunaux ne doivent plus hésiter à prendre en leur faveur cette mesure tutélaire.

Et alors que, pendant les années précédentes, le Tribunal de Marseille prononçait annuellement 7 ou 8 envois en correction, ce chiffre s'est élevé pendant l'année 1894 à **quarante-huit**.

Et si le nombre a augmenté, si tous ceux qui, autrefois, eussent été rejetés sur le pavé et replongés dans la boue, en ont été retirés, une seconde réforme a été encore réalisée. C'est de 14 à 15 ans que le plus grand nombre de ces envois sont prononcés. Tous les hommes compétents sont d'accord pour reconnaître qu'une éducation correctionnelle, qui ne dure que deux ou trois ans, est presque toujours stérile ; que la limite de seize ans, que les Tribunaux adoptaient autrefois, est absolument fâcheuse ; car, c'est précisément l'âge où les tentations deviennent plus violentes et où le mineur, étant présumé avoir la plénitude de son discernement, les conséquences d'une rechute sont fatales. La limite de 18 ans est dangereuse, elle va à l'encontre de l'œuvre poursuivie par M. le conseiller Voisin ; l'enfant ne peut s'engager que le jour où il a accompli ses dix-huit ans : ce jour-là, les portes de la maison de correction s'ouvrant forcément devant lui, il n'a plus aucun motif pour accepter son incorporation volontaire dans les rangs de l'armée française; il faut donc prononcer l'envoi en correction jusqu'au jour où l'enfant aura accompli sa vingtième année.

Et sur les 48 envois, 46 ont été prononcés conformément à nos désirs. Que l'on ne dise pas que prononcer contre un enfant l'internement jusqu'à sa vingtième année c'est le punir outre mesure ; je crois vous avoir suffisamment démontré que c'est loin d'être une punition. M. le bâtonnier Cresson disait avec raison qu'elle n'était pas loin l'époque où les lycées et les collèges se peuplaient d'internes, que les familles livraient pour douze années à la discipline des maîtres d'études. Et ce qu'il ne faut pas oublier, c'est que l'enfant peut, par sa bonne conduite, toujours abréger la durée de sa détention. Les Sociétés de Patronage veillent sur lui; le jour où l'on acquiert la preuve que l'enfant s'est corrigé et amendé, il est réclamé au Ministère de l'Intérieur et l'Administration pénitentiaire s'empresse de nous le confier. Et c'est ainsi que, pendant le dernier trimestre de l'année 1894, deux des enfants envoyés en correction ont été confiés à la Société de Patronage des Libérés et des Adolescents, avant même leur entrée dans la colonie.

Aussi, l'envoi en maison de correction n'étant plus qu'une mesure de protection et de sauvetage et non pas une condamnation, il faudrait que notre Tribunal ne le prononçât pas purement et simplement comme un jugement ordinaire. Lorsqu'un condamné bénéficie de la loi du sursis, le Président lui explique la portée de la condamnation, quels en sont ses avantages, quels en sont ses dangers. Je demanderais au Tribunal de faire pour l'enfant ce qu'il fait pour l'adulte et ce que l'on fait à Paris. Ecoutez dans quels termes s'exprime le magistrat éminent qui, dans ce dernier Tribunal, se consacre avec tant de dévouement aux affaires de l'enfance : « Aussitôt que le jugement est prononcé, « le Magistrat qui préside l'audience ne manque jamais « de retenir pendant quelques instants l'enfant à son « banc et de le prévenir que le Tribunal, en le plaçant « sous la tutelle de l'Etat, cherche à lui épargner la « flétrissure du casier judiciaire, que la colonie où il « sera conduit n'est pas une prison, mais une école de « réforme où on lui enseignera tout ce qu'il doit savoir, « que, s'il veut revenir à de meilleurs sentiments, il « dépendra de lui de recouvrer sa liberté ; que, si le « Directeur de la colonie donne un bon témoignage de « sa conduite et de son travail une demande de libé- « ration provisoire pourra être adressée à l'Adminis- « tration pénitentiaire ; que, la libération provisoire, « si elle est accordée, sera, ou son retour dans sa « famille, ou le placement en apprentissage chez un « patron ; il le prévient, enfin, que cette faveur de la » libération provisoire est essentiellement révocable

« dans le cas où il se livrerait à de nouveaux écarts.
« Les jeunes prévenus se rendent ainsi un compte très
« exact de leur situation pénale. » « Et, ajoute
« M. Flandin, depuis le jour où ce système a été
« adopté, lorsque arrive la sentence, les assistants, les
« parents et même l'enfant accueillent en silence, quel-
« quefois même avec une sorte de reconnaissance, la
« décision qui intervient en sa faveur. »

Je suis certain qu'il m'aura suffi de reproduire devant
nos magistrats ce passage du rapport de M. le Président
Flandin, pour que la réforme que je sollicite soit consi-
dérée comme acquise.

Sur les seize enfants qui ont été condamnés à la prison
un seul a fait appel. Sur les quarante-huit envoyés en
maison de correction, treize se sont pourvus devant la
Cour.

A Aix, les enfants sont défendus par les soins du
Comité de défense que l'ordre des avocats près la Cour
d'appel a constitué sous la présidence de son bâtonnier.
Nos confrères comprenant toute l'importance de notre
Comité ont tenu a compléter notre œuvre. Ils ont voulu
que l'enfant comparaissant devant les magistrats chargés
d'apprécier en dernier ressort la faute qu'il a commise,
soit toujours assisté d'un défenseur qui, comme celui
de première instance, se préoccuperait surtout de
l'intérêt de l'enfant. Qu'il me soit permis de remercier
en votre nom M. le bâtonnier Masson, président, et

M. Aube, secrétaire général, et les Membres du Comité du dévouement avec lequel ils se sont mis à notre disposition, du concours qu'ils nous ont prêté dans la défense de nos petits détenus.

Mais malgré les efforts de nos collègues du Comité de défense d'Aix, la Cour ne me parait pas entrer résolument dans la voie nettement suivie par le tribunal de Marseille, la Cour hésite encore à prononcer l'envoi en correction.

Sur les onze appels jugés, la cour a confirmé quatre fois la décision des premiers juges, mais elle a cru devoir la réformer dans les sept autres cas.

Certes je sais que, dans l'intervalle qui sépare le jour de la condamnation du jour de la comparution devant la Cour, l'enfant a pu donner des preuves réelles de repentir, les parents ont pu revenir à de meilleurs sentiments ou être prêts à prendre dans l'intérêt de l'enfant des mesures propres à sauvegarder son avenir. Le fait est rare, il s'est produit une fois. Mais dans une des affaires, il s'agissait d'un petit souteneur de quinze ans. La cour a cru devoir limiter à sa dix-septième année la durée de son séjour à la maison de réforme. Dans les cinq autres affaires, elle s'est laissée attendrir par les larmes des parents qui venaient réclamer des enfants qui leur avaient déjà été rendus quatre et cinq fois. Je ne voudrais pas être un prophète de malheur mais je crains fort de retrouver sur les bancs de la police correctionnelle, dans le courant de cette année, ces petits voleurs, qui seront alors complètement pervertis et que l'éducation sera peut-être impuissante à ramener au bien.

Je me permets de souhaiter que la Cour se montre plus sévère à l'égard des parents qui viennent en pleurant réclamer des enfants qu'ils sont impuissants et parfois indignes de surveiller.

Parmi tous les enfants qui ont été arrêtés pendant l'année 1894, il y avait quelques petits mendiants que l'on ne pouvait pas punir parce que c'étaient leurs parents qui les avaient contraints à mendier. M. Brunet nous a fait un rapport des plus complets et des plus intéressants sur la mendicité des enfants. Il s'est plaint avec raison du peu d'application pratique et de la loi de 1874 et de la loi de 1889. Il a demandé que l'enfant mendiant soit soustrait à l'infamie de la prison et abrité dans un asile en attendant que la justice ait statué sur son sort, et il proposait d'affecter à cet effet une partie des locaux du dépôt de mendicité qui, aménagé pour recevoir 800 personnes, n'en hospitalise en moyenne que 80. M. Brunet demandait que des instructions nettes et précises fussent données aux agents de la force publique en vue de l'arrestation des petits mendiants et de tous ceux qui directement ou indirectement coopèrent à leur mendicité.

Cet appel a été entendu. M. le Préfet des Bouches-du-Rhône, dans une lettre qu'il vous adressait, M. le Procureur général, et que vous vous empressiez de communiquer à vos substituts, vous informait qu'il était prêt à recevoir à l'asile de Sainte-Marguerite, tous les enfants mendiants et vagabonds que notre parquet ferait arrêter et contre les parents desquels il poursuivrait la déchéance de la puissance paternelle.

Et l'on a commencé au Parquet de Marseille à adopter ce système : le petit mendiant que ses parents font mendier n'est plus envoyé en prison ; l'agent des délégations le conduit à l'asile Sainte-Marguerite, où il reste en attendant son classement définitif et c'est ainsi que dans ces derniers temps trois jeunes enfants ont été confiés à l'assistance publique. Mais la chasse au petits mendiants va se poursuivre et l'année prochaine nous aurons la satisfaction de vous dire que devant notre tribunal la loi de 1874 comme celle de 1889 ne restent plus de simples lois théoriques mais reçoivent une constante application.

Votre Comité, vous le savez Messieurs, ne s'occupe pas seulement des mineurs de 16 ans. Au cours de vos travaux, M. Valensi nous a démontré l'utilité qu'il y aurait à retarder jusqu'à l'âge de 18 ans la majorité pénale.

Il vous a tracé le portrait de cet enfant de 17 ans incapable au point de vue de la vie civile, à un âge où la passion est en pleine floraison, à cet âge critique, où il est exposé par son inexpérience à tous les entraînements, et qui, aux yeux de la loi pénale, est considéré comme absolument responsable de la faute qu'il a commise.

Sans parler après lui de la réforme législative, sans répéter, après M. Guillot, que tous ces jeunes gens pourraient être sauvés s'il était possible, dans cette période tourmentée de 16 à 18 ans, d'user à leur égard du régime de la correction et de les mener jusqu'à l'âge où la discipline militaire serait venu les saisir, je me bornerai à vous dire ce que votre Comité a pu faire, au point de vue pratique, pour ces mineurs de 18 ans qui comparaissaient pour la première fois en justice, et auquel il fallait éviter la première condamnation.

Tout a été dit sur les conséquences funestes et fatales d'une première condamnation dans la vie d'un enfant : ce n'est pas seulement la promiscuité honteuse de nos prisons qui perdra irrémédiablement le condamné primaire, la loi Béranger serait là pour lui éviter ce danger, mais c'est la tare du casier judiciaire qui crée une ligne de démarcation parfois infranchissable entre lui et la société. Et vous me permettrez, à ce propos, de vous signaler, en passant, que cette loi du sursis peut avoir des conséquences terribles pour l'enfant et que ce n'est pas souvent comprendre son véritable intérêt que de lui accorder le bénéfice de cette loi. Je m'explique : le mineur de 17 ans, condamné à un mois de prison pour vol, pourra, à l'expiration

de sa vingtième année, obtenir sa réhabilitation et
entrer, la tête haute, dans les rangs de l'Armée Française. Si la loi du sursis a été demandée en sa faveur,
le Tribunal croira devoir prononcer contre lui une
peine beaucoup plus forte, afin que la crainte de
l'exécution de la peine prévienne le retour d'une
nouvelle faute. Ce n'était peut-être pas la pensée du
législateur, mais en fait vous avez remarqué avec moi,
que là où le tribunal condamnait à deux mois de prison,
il en infligeait quatre avec la loi Béranger. D'où cette
conséquence que le mineur de dix-sept ans le jour où
il tirera au sort, n'ayant pas vu s'écouler les cinq
ans prescrits par la loi, aura toujours, sur son casier
judiciaire, sa condamnation à quatre mois de prison.
Et cet enfant, que vous avez voulu faire échapper aux
dangers de la prison, ira retrouver aux bataillons
d'Afrique, ceux au contact desquels on avait voulu le
soustraire !

Et, quand on songe qu'une simple condamnation à
l'amende pour vol ou abus de confiance avec application de la loi Béranger, c'est-à-dire la peine la plus
faible que le Tribunal puisse infliger, prononcée contre
un enfant de 17 ans, va l'empêcher de s'engager
ailleurs que dans les bataillons d'Afrique, ne doit-on
pas hésiter longuement avant de prononcer contre lui
sa première condamnation ? Je vous dirai, avec M. le
président Flandin : « Je pense que s'il faut être d'une

« sévérité implacable pour les délinquants profession-
« nels et les récidivistes, une extrême indulgence
« s'impose en faveur de l'adolescent commettant une
« première faute. Je pense que pour conserver, à la
« juridiction correctionnelle, sa force répressive et, à la
« peine corporelle, son caractère flétrissant et exem-
« plaire, il faut en ménager l'application, je crois qu'à
« l'enfant non encore condamné, qui touche à ses
« 16 ans, il faut conserver la virginité de son casier
« judiciaire ».

Et, quand je vous parlais tout à l'heure du pieux
mensonge que vous pouviez commettre en jugeant la
question de non discernement, ai-je besoin de rappeler que nos magistrats correctionnels, devant la maté-
rialité du fait, ont toujours le droit de déclarer que
l'intention criminelle n'existait pas et éviter ainsi à
l'enfant coupable et repentant, la honte d'une première
condamnation.

En attendant, le jour où nous aurons organisé, d'une
façon sérieuse, la défense de tous les mineurs de 16 à
18 ans comparaissant pour la première fois en justice,
laissez-moi vous dire ce que nous avons fait des
84 mineurs qui nous ont été signalés, soit par le parquet,
soit par les juges d'instruction, pendant l'année 1894 :

Seize ont été rendus à leurs parents ;

Vingt-neuf ont été confiés à la Société du Patronage

des Adolescents qui, après les avoir recueillis dans son asile temporaire, leur a procuré une place ;

Quinze ont été acquittés, notre Comité s'était chargé de leur défense et le Tribunal n'avait pas hésité à se montrer clément à leur égard, car, sur les quinze, le Patronage en avait réclamé neuf ;

Dix ont été condamnés à des peines variant de trois jours à trois mois de prison ;

Enfin, et vous me permettrez de vous féliciter hautement de ce résultat, quinze jeunes gens de dix-huit ans ont été admis à contracter leur engagement militaire. Je tiens à remercier encore M. le substitut Roux de son appui, M. Lanfranchi s'est mis à ma complète disposition et nous avons pu ainsi permettre à ces jeunes gens, dont le passé était sans tache et qu'un moment de défaillance allait peut-être entraîner dans une existence de crime, de se réhabiliter en accomplissant leur devoir de Français.

Et voilà comment, Messieurs, pendant l'année 1894, notre Comité de Défense a coopéré à cette œuvre de régénération sociale, à ce sauvetage de l'enfance, que M. le Garde des Sceaux qualifiait de sauvetage de la France.

Monsieur le Procureur Général,

En venant, après Monsieur le Premier Président, apporter à notre Comité de Défense, l'appui de votre haute autorité, vous avez voulu consacrer définitivement son admission au sein de notre grande famille judiciaire. Votre présence au milieu de nous prouve une fois de plus l'union intime de la magistrature et du barreau sur le terrain de la charité. La sympathie que vous nous témoignez est pour nous en même temps qu'un encouragement, une véritable force.

Vous êtes dans ce ressort le chef du pouvoir exécutif, vous pouvez amener la création rapide de nouveaux Comités, auprès de vos parquets les plus importants. A la Cour, en appuyant les idées qui nous sont chères, vous pourrez nous aider à les faire triompher.

Au nom de notre Comité, je vous adresse, M. le Procureur Général, tous nos sincères et profonds remerciements.

Messieurs les Présidents d'honneur,

Votre concours si précieux ne nous a pas manqué, pendant l'année qui vient de s'écouler : Vous, M. le Président, vous avez continué à vous intéresser à nos travaux, vous en avez connu tous les bons résultats : car si les enfants que nous défendons, et que nous confions à la Société de Patronage, trouvent, dans son asile, les leçons de morale et de vertu qui peuvent les sauver, c'est que cet enseignement leur est donné par une femme de cœur et de charité, j'ai nommé Mme de Rossi.

Au Parquet, vous avez été M. le Procureur, le véritable Président de notre Comité, vous m'en avez ouvert la porte toute grande, comprenant que nous étions tous unis dans une même pensée, dans un même sentiment de justice envers l'enfant et envers la Société. Je ne saurai trop vous en exprimer ma reconnaissance.

Monsieur le Bâtonnier, dès la première heure vous avez compté parmi les membres de notre bureau, je salue donc avec plaisir votre élévation au bâtonnat, qui vous fait devenir notre Président d'honneur. Votre titre de Président de la section Marseillaise de l'union Française pour le sauvetage de l'enfance, nous dit assez de quel dévouement vous pouvez être capable en faveur des enfants coupables moralement abandonnés.

Vous me permettrez d'adresser à Me Ambard, notre Président d'honneur pendant nos deux premières années tous nos remerciement pour le soin qu'il avait mis à cette organisation si difficile et qu'il avait su rendre si complète de la défense de l'enfant.

MESSIEURS,

En m'appelant à diriger les travaux de votre Comité, vous m'avez fait un honneur, dont je sens tout le prix et qui me laisse sous l'impression d'une profonde reconnaissance. Je ne saurai mieux faire pour justifier votre choix, que de suivre l'exemple que m'a tracé mon prédécesseur à ce siège, mon ami M. Léonce Conte.

Il a voulu nous quitter pour se consacrer exclusivement à cette grande et belle œuvre du Patronage des libérés et des adolescents, qu'il dirige avec tant d'activité et de charité.

Je suis certain d'être votre interprète en lui exprimant tous les regrets que nous a causé sa détermination, en le remerciant de tout ce qu'il a fait pour nous.

Le Comité n'oubliera jamais celui qui fut son premier Président et l'un de ses fondateurs. Je suis certain que de son côté, il continuera à nous aider de son dévouement.

Et c'est ainsi que tous étroitement unis dans une même pensée, uniquement guidés par l'amour du bien et du progrès, nous persévèrerons dans notre œuvre et nous continuerons à défendre la cause sacrée de l'enfance et de la jeunesse.

M. le Procureur-Général prend alors la parole
en ces termes :

MESSIEURS,

Je vous remercie bien vivement de l'honneur que
vous m'avez fait en m'appelant à présider votre réunion.
J'y suis d'autant plus sensible, que je considère l'œuvre
que vous avez entreprise comme plus noble et plus
féconde.

Si je n'écoutais que mon désir de respecter votre
modestie, je ne parlerais que de l'œuvre elle-même et
non de ceux qui en sont les agents actifs et dévoués.
Mais les institutions humaines n'ont de valeur que par
les hommes qui en assurent le fonctionnement, et ce
serait faire tort à votre Association que de me taire sur
ceux qui la dirigent.

Permettez-moi donc, Messieurs les Membres du
Comité, de vous dire, sans apprêt, mais cordialement,
que vous avez été pleinement à la hauteur de votre
tâche.

Votre ancien président, M. Conte, qui vous a donné
tant de preuves de son dévouement éclairé, a cru devoir
abandonner la présidence pour se consacrer plus exclusivement à la Société de patronage, qui se soude à la

vôtre par des liens si étroits et si nécessaires. Tout en regrettant sa décision, vous ne pouvez que vous incliner devant la pensée qu'il a eue de concentrer ses efforts au lieu de les disséminer.

Le choix que vous avez fait pour lui succéder, de mon excellent ami, M. A. Vidal-Naquet, vous est un sûr garant que votre Association ne périclitera pas. J'ai connu M. Vidal-Naquet alors qu'il était sur les bancs de l'école et qu'il suivait, studieux et attentif, les cours et les conférences de certain professeur de la Faculté de droit dont vous devinez aisément le nom. Il avait l'amour du droit et l'amour du bien, et je ne m'étonne pas de la sympathie qui l'entoure et de l'estime que son caractère et son talent ont inspirée.

Le but que vous poursuivez, Messieurs, est un but d'intérêt public. Vous avez compris que ce n'est pas avec des phrases creuses, avec des promesses redondantes et vides qu'on peut assurer la marche en avant de notre démocratie. Vous laissez à d'autres le soin d'invectiver cet infâme capital et de chercher à disqualifier les fonctionnaires de tous ordres. Vous savez que le progrès est soumis à une lente évolution et que c'est la pire des utopies de prétendre que la Société peut se transformer par un coup de baguette magique. Vous considérez comme criminelles ces théories insensées, quand elles ne sont pas sanglantes, qui tendent à tout détruire, sous le prétexte que les éléments disloqués se réuniront ensuite harmoniquement par leur seule vertu.

Vous êtes des hommes de sens et de discernement et vous comprenez qu'il faut seconder par des efforts individuels incessants l'action des Pouvoirs publics.

Certes, l'Etat a un grand rôle à jouer et je me plais à croire que vous n'êtes pas de ceux qui proclament comme une vérité révélée... aux seuls économistes, qu'il n'y a rien au-delà du *laissez-faire, laissez-passer.* Ainsi, vous applaudissez quand des lois bienfaisantes édictent des mesures de préservation pour empêcher que les enfants s'étiolent dans des ateliers insalubres, qu'ils soient le jouet des bateleurs ambulants, qu'ils deviennent la victime de parents indignes qui font servir la puissance paternelle à démoraliser et avilir ceux qu'elle devrait protéger.

Mais si la fonction sociale de l'Etat a de vastes horizons, vous n'ignorez pas qu'elle est limitée et ne doit pas empiéter sur le domaine réservé à l'initiative individuelle. L'énergie de l'individu est le grand ressort de l'humanité; c'est un levier qu'aucune loi ne saurait remplacer.

Pour m'en tenir à ce qui fait l'objet de vos travaux, l'Etat reste sur son domaine, s'il crée des maisons de correction modèles pour les mineurs de 16 ans qui ont failli, s'il isole les jeunes prévenus pour leur éviter le contact des criminels pervertis, s'il promulgue des lois d'oubli et de pardon comme la loi Bérenger. Mais il viserait l'impossible, s'il voulait, comme vous le faites, s'attacher à chaque prévenu mineur, tenir compte du

milieu dans lequel il a vécu, sonder la moralité de ses
parents, le suivre dans le passé et le suivre dans l'avenir.
Il faut, pour réaliser une pareille tâche, non seulement
de la souplesse et du tact, mais l'esprit de charité qui
anime votre institution et qui ne peut être commandée
par la fonction. — Je ne m'attarderai pas, Messieurs,
après les rapports complets et lumineux que vous venez
d'entendre, à entrer dans les détails pratiques de votre
organisation. Je me bornerai à constater que vos efforts
ont provoqué de grandes améliorations, parmi lesquelles
je place en première ligne la séparation des enfants d'avec
les autres détenus, le travail auquel on les soumet, l'instruction que leur donne, avec tant d'intelligence et
d'abnégation, votre collaborateur M. Boulard, que vous
ne me pardonneriez pas d'oublier.

Je suis d'accord avec vous sur les principes qui vous
inspirent. Vous avez raison de dire qu'il faut purger la
voie publique des jeunes vagabonds et que la police ne
doit pas hésiter à procéder à leur arrestation.

Vous avez raison encore en condamnant les courtes
peines et en demandant que les tribunaux prononcent le
renvoi des enfants dans des maisons de correction pour
un long espace de temps. Ces maisons de correction
valent mieux que leur réputation et elles sont secondées
par les sociétés de patronage et autres qui permettent
d'accorder aux plus méritants une espèce de libération
conditionnelle, et de les ramener ainsi progressivement
à des habitudes de travail et d'honneur.

Je suis de votre avis qu'il serait avantageux de soumettre à l'instruction les affaires concernant les délinquants mineurs et je ne me refuse pas à étudier, de concert avec M. le Procureur de la République, ce qui pourrait être fait pratiquement pour vous donner satisfaction sur ce point.

Ais-je besoin d'ajouter, que je suis très grand partisan de la multiplication des comités comme le vôtre. Soyez assurés que si des hommes d'initiative entreprennent, dans les autres arrondissements de mon ressort, l'œuvre de sauvetage à laquelle vous vous dévouez, ils auront non seulement l'appui moral, mais la collaboration effective des membres du parquet.

L'heure n'est plus, en effet, aux vaines déclamations ; il faut agir et agir avec intelligence. Le droit pur, le *summum jus*, est insuffisant pour résoudre les problèmes sociaux. La Révolution française eut l'honneur de placer la fraternité comme le complément de sa devise ; que cette fraternité ne soit pas un mot, qu'elle devienne une réalité, et les esprits seront éclairés par le cœur.

Ce n'est pas en jetant une obole au mendiant qui nous obsède que nous remplissons nos obligations morales vis-à-vis des malheureux, c'est en allant chercher les misères qui se cachent, en relevant les courages abattus par l'adversité. Chacun de nous doit payer de sa personne plus encore que de sa bourse.

Ah, je le sais, l'œuvre de rédemption est difficile et l'on échoue trop souvent quand on est en face de malfaiteurs endurcis, mais le succès devient presque certain lorsqu'on s'adresse à des enfants dont les fautes sont dues à l'abandon moral ou à un entrainement passager. Et si l'on songe que le nombre des délinquants mineurs s'est élevé depuis un demi-siècle dans l'effrayante proportion de 247 o/o, on a le droit d'espérer qu'en marchant dans la voie où vous êtes entrés, on arrivera à arrêter cette funeste progression et à guérir le mal en remontant à sa source.

C'est pour cela, Messieurs, que je considère votre *mission*, permettez-moi le mot, il n'est pas trop ambitieux, comme une mission de haute utilité, j'allais dire de nécessité sociale, qui mérite le respect et la reconnaissance de tous.

M. W. Jauffret, secrétaire général, en l'absence de M. Laugier, trésorier, donne lecture du Compte-rendu financier :

MESSIEURS,

J'ai l'honneur de vous soumettre le Compte-rendu financier pour l'exercice 1893-1894.

Recettes

Article unique.......................... .... 500 »
don du Conseil Général des Bouches-du-Rhône.

Dépenses

1° Frais d'employés et gratifications................. 130 »
2° Frais de voiture pour le transfert des Enfants de la
    prison au Palais de Justice et réciproquement..... 139 90
3° Coût d'imprimés et circulaires................... 94 10
4° Fournitures de papeterie et librairie pour l'école des
    enfants créée à la prison par notre Président...... 65 35
5° Fournitures de vêtements pour les enfants.......... 39 35
6° Cotisation pour le Bureau central de Paris......... 10 »

TOTAL des dépenses......... 478 70

Il résulte de cet exposé que l'excédent des recettes sur les dépenses est de 21 fr. 30.

Je dois ajouter, Messieurs, que si notre modeste budget se solde par un excédent, nous le devons d'abord à M. le Président du Tribunal qui, en nous accordant l'hospitalité dans la salle où nous sommes réunis aujourd'hui, et montrant une fois de plus par là tout l'intérêt qu'il veut bien porter à notre Comité, nous évite toutes dépenses en ce qui concerne le local de nos séances.

Nous devons aussi l'équilibre de notre budget aux rapporteurs qui ont assumé eux-mêmes la dépense, souvent élevée, de l'impression de leurs rapports.

J'aborde maintenant, Messieurs, la seconde partie de mon rapport, c'est-à-dire le projet de budget que j'ai l'honneur de vous proposer, au nom de votre Bureau, pour l'année 1895 :

Dépenses

1° Frais d'employés et gratifications................ 260 »
2° Voitures... 100 »
3° Frais pour engagements militaires................ 50 »
4° Livres et papeterie pour l'Ecole, imprimés et circulaires..................................... 150 »
5° Cotisation pour le Bureau central de Paris........ 10 »
6° Vêtements .... 100 »

TOTAL des dépenses......... 670 »

Recettes

1° Allocation du Conseil Général................... 500 »
2° Dons à recevoir que votre Trésorier s'engage à trouver. 170 »

TOTAL des recettes......... 670 »

Notre projet de budget qui s'équilibre par 670 francs, est soumis par le Bureau à votre appréciation.

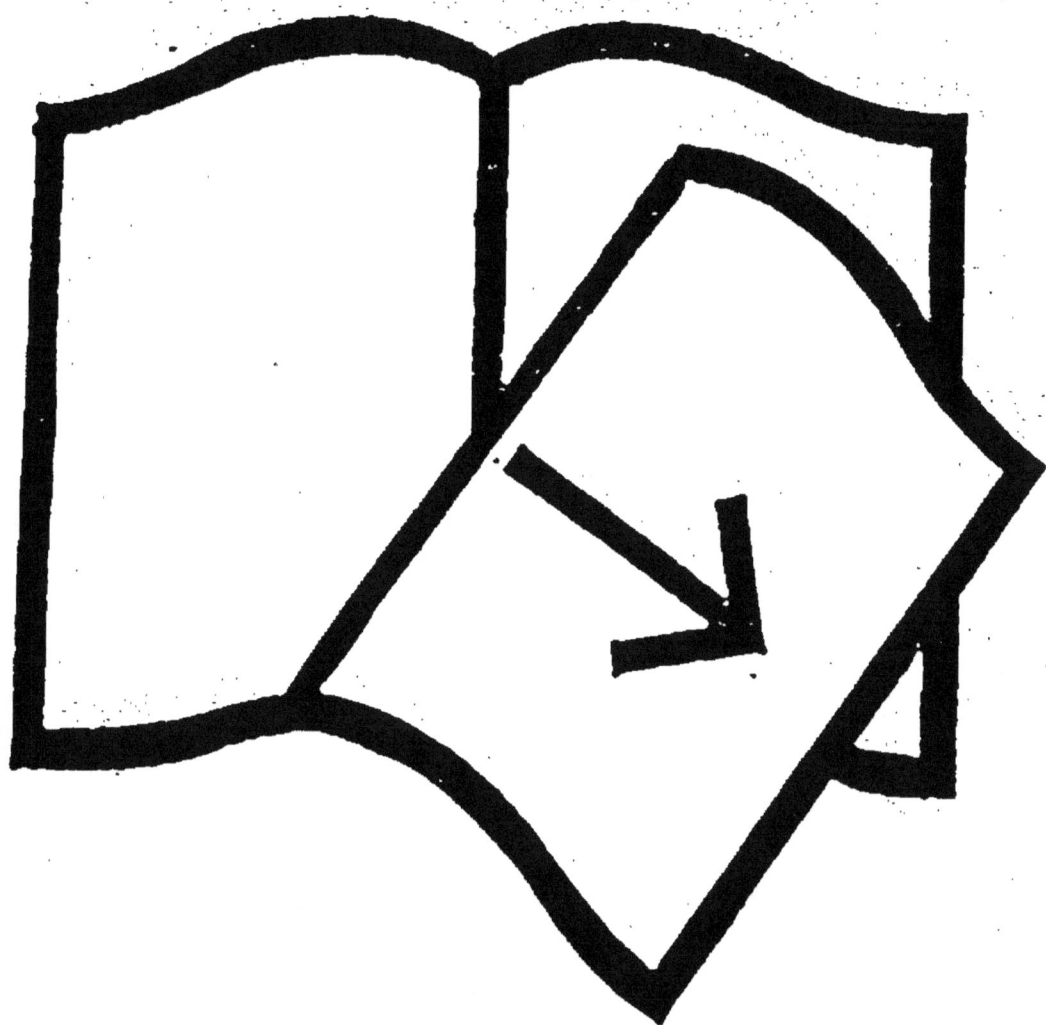

Documents manquants (pages, cahiers...)

NF Z 43-120-13

www.ingramcontent.com/pod-product-compliance
Lightning Source LLC
Chambersburg PA
CBHW050534210326
41520CB00012B/2568